MANUAL DOS

CONSELHEIROS ANJO

FRAMEWO

PARA ACOSELHAMENTOS E MENTORIAS

P. DE ANDRADE

Este ebook surgiu da necessidade (prática) de organizar ideias e transformá-las em ação concreta, sem o compromisso de se engajar em debates teóricos ou acadêmicos aprofundados. Embora tangencie diversos conceitos relacionados à jornada do conselheiro anjo, seu foco principal é oferecer uma abordagem prática e acessível. Na sua elaboração, foram utilizados recursos computacionais, alinhados com a vasta experiência acumulada pelo autor ao longo dos anos. Importante ressaltar que este ebook não tem a pretensão de esgotar os temas abordados, nem busca ser o manual definitivo sobre o assunto. Ao invés disso, serve como um ponto de partida inspirador para aqueles que desejam explorar e aplicar as ideias apresentadas em suas próprias jornadas.

P. de Andrade é graduado em Direito pelo Centro Superior de Ciências Sociais de Vila Velha (2001) e em Filosofia pela Universidade Federal do Espírito Santo (2002). Pós graduado MBA em direito tributário 2004 (FGV); MBA executivo internacional com ênfase em tributário; LLM em Direito Empresarial FGV e LLM em Direito Societário. Curso de extensão em Inovações (FGV/UCI - Irvine/CA/EUA). Compliance Officer certificado pela Legal Ethics Compliance (LEC). Mestrado profissional em Compliance na Universidad Camilo Jose Cela -Madri/Esp. Mestrado (incompleto) na FDV em Direitos e Garantias Fundamentais. MBA BI and analytics, na FIAP. É sócio fundador da De Andrade e Veloso Advogados, exerceu o cargo de Procurador Geral - Câmara Municipal da Serra. Coordenou a área jurídica da Faculdade de Música do Espírito Santo - FAMES e atuou como Assessor Jurídico na Câmara Federal. Como Professor lecionou na FDV, FINAC, FABAVI e na Faculdade São Geraldo. Tem experiência na área de Direito e Filosofia, é especialista em Inteligência Jurídica e Legal Analytics com ênfase em empresarial, Filosofia do direito, direito administrativo sancionador e Constitucional e outras matérias propedêuticas do curso de direito e de filosofia. **Conselheiro e Mentor na PUC ANGELS.** Para mais informações, acesse seu currículo completo em: [link do Lattes]. Rede social : https://www.linkedin.com/in/pablo-de-andrade-rodrigues-b7ba817b

"O MAIOR ERRO NA
VIDA É O DE TER
SEMPRE MEDO DE
ERRAR"

Elbert Hubbard

SUMÁRIO

4. Plano de Ação por Encontro: Cronograma de 12 Semanas

- 4.1 Semana 1: Encontro Inicial - Alinhamento e Definição de Objetivos
- 4.2 Semana 2: Análise de Mercado e Concorrência
- 4.3 Semana 3: Estratégia de Marketing e Vendas
- 4.4 Semana 4: Desenvolvimento de Produto/Serviço
- 4.5 Semana 5: Operações e Processos Internos
- 4.6 Semana 6: Finanças e Planejamento Financeiro
- 4.7 Semana 7: Preparação para Captação de Investimentos
- 4.8 Semana 8: Equipe e Cultura Organizacional
- 4.9 Semana 9: Governança e Compliance
- 4.10 Semana 10: Networking e Parcerias Estratégicas
- 4.11 Semana 11: Planejamento Estratégico de Longo Prazo
- 4.12 Semana 12: Encerramento e Próximos Passos

INTRODUÇÃO

Este eBook foi criado para servir como um framework prático e completo para conselheiros (e mentores) que estão no início de sua jornada no apoio a startups. Com o crescimento acelerado do empreendedorismo e o surgimento de novos negócios inovadores, o papel do conselheiro anjo tornou-se crucial para orientar empreendedores a superarem os desafios iniciais e atingirem o sucesso. No entanto, muitos conselheiros, especialmente os que estão começando, enfrentam dificuldades ao definir suas abordagens, identificar as áreas prioritárias de atuação e, principalmente, fornecer valor real e estratégico às startups.

Pensando nisso, este material apresenta um framework detalhado e organizado, que abrange desde as principais responsabilidades de um conselheiro até o uso de ferramentas e técnicas para maximizar o impacto da mentoria. O conteúdo é estruturado para guiar conselheiros e mentores passo a passo, abordando a preparação para as mentorias, a realização dos encontros com os fundadores e o acompanhamento pós-encontro. Além disso, são explorados tópicos importantes como governança, finanças, marketing e captação de investimentos, sempre com foco em fornecer diretrizes práticas e aplicáveis.

Ao longo deste eBook, você encontrará também planos de ação organizados por um cronograma de 12 semanas, que ajudam a estruturar as mentorias e garantem que todas as áreas críticas sejam abordadas de forma estratégica e objetiva. Cada semana é dedicada a um aspecto essencial do desenvolvimento da startup, permitindo ao conselheiro construir um relacionamento sólido e de confiança com os fundadores, enquanto oferece suporte técnico e estratégico.

Este material também destaca as boas práticas de comunicação, ética e desenvolvimento pessoal, que são essenciais para garantir uma mentoria eficaz e construtiva. Por fim, apresenta uma lista de ferramentas e recursos úteis que podem ser aproveitados para otimizar a mentoria, desde plataformas de comunicação até sistemas de gestão de projetos e ferramentas de análise de mercado.

Se você está começando sua trajetória como conselheiro ou mentor, este eBook será um guia fundamental para ajudá-lo a atuar de forma eficiente e impactante, promovendo o crescimento sustentável das startups que você apoiar.

CAPÍTULO 2
A IMPORTÂNCIA DA PRÉ-COMPREENSÃO DO PAPEL DO CONSELHEIRO ANJO

Antes do conselheiro anjo iniciar sua jornada de apoio a uma startup, é crucial desenvolver uma pré-compreensão, clara e profunda, sobre o seu papel. Entender as expectativas, responsabilidades e limitações dessa função é o ponto de partida para criar uma relação eficaz e produtiva com os mentorados. Sem essa clareza, o conselheiro pode acabar oferecendo orientações desalinhadas com as necessidades da startup ou atuar de forma excessivamente interventiva, comprometendo o desenvolvimento natural dos fundadores.

O conselheiro anjo não é apenas um orientador, mas também um facilitador de conhecimento, que deve fornecer insights estratégicos, fortalecer a confiança dos empreendedores e, ao mesmo tempo, permitir que eles mantenham o controle e a autonomia sobre a evolução da startup. Esse equilíbrio é fundamental para garantir que as startups sejam capazes de crescer de maneira sustentável, com a independência necessária para resolver seus desafios futuros.

Desenvolver essa consciência inicial proporciona uma base sólida para a colaboração entre conselheiro e mentorado, estabelecendo confiança mútua, limites claros e expectativas realistas. Além disso, uma compreensão bem definida do papel do conselheiro permite entregas mais eficazes, alinhadas às necessidades específicas da startup, garantindo que o apoio fornecido seja tanto estratégico quanto prático.

Com essa pré-compreensão, o conselheiro está mais bem preparado para adaptar suas abordagens conforme a maturidade da startup, moldando suas intervenções com precisão e assertividade, focando no desenvolvimento contínuo dos empreendedores e na busca por soluções inovadoras e escaláveis. A seguir, abordamos os principais pilares dessa atuação, que devem ser compreendidos como pontos centrais para que o conselheiro ofereça o suporte adequado e valor real ao negócio.

2.1 Mentoria Estratégica

A mentoria estratégica é um dos pilares fundamentais da atuação do conselheiro anjo. Ele auxilia os fundadores a enxergar o negócio de forma ampla, ajudando a definir e alinhar os objetivos de curto e longo prazo da startup. Além disso, oferece orientação sobre modelagem de negócios, sugerindo ajustes estratégicos para garantir o crescimento sustentável da empresa e a expansão para novos mercados. A clareza na definição dessas diretrizes estratégicas é crucial para que a startup mantenha um foco contínuo em sua trajetória de evolução.

2.2 Conselho Operacional

Uma parte essencial do papel do conselheiro é auxiliar na otimização das operações diárias da startup. Com sua experiência, ele traz insights valiosos sobre a gestão eficiente de recursos, a implementação de processos eficazes e a criação de uma estrutura organizacional robusta. Ao ajudar a simplificar e aperfeiçoar as operações, o conselheiro garante que a startup funcione de maneira fluida e esteja preparada para lidar com os desafios operacionais, independentemente do estágio de desenvolvimento em que se encontre.

2.3 Networking e Conexões

O conselheiro anjo também desempenha um papel fundamental na expansão das redes de contato da startup. Utilizando sua própria rede de relacionamentos, ele pode conectar os fundadores com potenciais parceiros, clientes, fornecedores e, especialmente, investidores. Esse apoio no networking pode abrir portas estratégicas que facilitam o crescimento e a visibilidade da empresa, além de gerar novas oportunidades de negócios e colaborações valiosas.

2.4 Apoio na Captação de Investimentos

Captar recursos é uma das etapas mais desafiadoras para qualquer startup, e o conselheiro anjo desempenha um papel crucial nesse processo. Ele orienta os fundadores na preparação de pitches eficazes, estruturando a narrativa de forma a atrair o interesse de investidores. Além disso, o conselheiro auxilia nas negociações, garantindo que os termos dos acordos sejam vantajosos para o crescimento da startup e que a captação de investimentos esteja alinhada aos objetivos de longo prazo da empresa.

2.5 Orientação em Governança Corporativa

Outro aspecto relevante da atuação do conselheiro é a orientação sobre governança corporativa. Ele ajuda os fundadores a estabelecer práticas de governança que sustentem o crescimento a longo prazo e garantam conformidade regulatória. Uma governança sólida é fundamental para a construção de uma empresa resiliente, que atenda às demandas legais e do mercado, além de preparar a startup para possíveis aquisições ou até para um IPO no futuro.

2.6 Análise de Mercado

A análise de mercado é uma ferramenta vital para orientar as decisões estratégicas da startup. O conselheiro anjo fornece insights baseados em tendências de mercado, comportamento do consumidor e inovações no setor. Com essas informações, os fundadores podem ajustar suas estratégias de produto, marketing e vendas para atender melhor às demandas do mercado e explorar oportunidades de crescimento.

2.7 Desenvolvimento de Produtos

O conselheiro anjo desempenha um papel essencial no desenvolvimento de produtos, ajudando os fundadores a refinar suas ideias, definir roadmaps de lançamento e alinhar os produtos com as necessidades do mercado. Com uma visão externa e experiência de mercado, o conselheiro pode identificar pontos de melhoria e sugerir inovações que aumentem a competitividade da startup. Esse suporte permite que os produtos se tornem mais atrativos e melhor posicionados para capturar oportunidades de crescimento.

2.8 Mentoria de Equipe

Além de orientar os fundadores, o conselheiro anjo deve atuar como um mentor para a equipe da startup. Isso inclui ajudar a desenvolver líderes dentro da empresa, incentivar uma cultura de colaboração e inovação, e promover o desenvolvimento de habilidades necessárias para o sucesso do negócio. A capacidade de inspirar e guiar o time é fundamental para criar uma base forte e resiliente, que possa lidar com os desafios do crescimento.

2.9 Aconselhamento Legal e de Compliance

Uma startup em crescimento frequentemente se depara com questões legais e regulatórias complexas. O conselheiro anjo oferece apoio nesse campo, ajudando os fundadores a navegar por áreas como propriedade intelectual, contratos e conformidade regulatória, garantindo que a empresa esteja em conformidade com as leis vigentes. Esse aconselhamento reduz riscos jurídicos e assegura que a startup esteja preparada para expandir em mercados que exigem rigorosos requisitos de compliance.

2.10 Suporte em Estratégias de Saída

O planejamento de estratégias de saída – como fusões, aquisições ou abertura de capital (IPO) – é uma tarefa crucial para o sucesso a longo prazo de uma startup. O conselheiro anjo auxilia os fundadores na preparação para essas oportunidades, fornecendo orientações sobre como estruturar a empresa para atrair possíveis compradores ou investidores. Esse suporte garante que a startup esteja sempre pronta para explorar opções de saída vantajosas quando elas surgirem, maximizando seu valor de mercado.

2.11 Feedback Contínuo

O feedback contínuo é uma ferramenta poderosa que o conselheiro anjo pode utilizar para promover o crescimento da startup. O papel do conselheiro é fornecer uma avaliação objetiva, identificando pontos fortes e oportunidades de melhoria. Esse feedback não deve ser esporádico, mas sim uma prática recorrente, que acompanha o desenvolvimento da empresa e ajuda os fundadores a ajustarem rapidamente suas estratégias para manter o negócio competitivo e alinhado às demandas do mercado.

2.12 Facilitação de Parcerias Estratégicas

Parcerias estratégicas podem acelerar significativamente o crescimento de uma startup. O conselheiro anjo utiliza sua rede de contatos para facilitar conexões com empresas, fornecedores, distribuidores e outros parceiros que possam agregar valor ao negócio. Essas parcerias podem ser uma forma de a startup escalar rapidamente, acessar novos mercados e fortalecer sua oferta de produtos e serviços.

2.13 Educação e Desenvolvimento

O conselheiro anjo também tem a responsabilidade de promover o aprendizado contínuo dentro da startup. Isso pode incluir a recomendação de treinamentos, cursos e workshops que desenvolvam competências-chave para o negócio. Ao investir na educação dos fundadores e da equipe, o conselheiro garante que a startup esteja preparada para lidar com desafios futuros e que a empresa adote uma cultura de melhoria contínua.

2.14 Orientação Cultural e de Mercado

Cada mercado tem suas peculiaridades, e entender as dinâmicas culturais é essencial para que uma startup tenha sucesso em uma nova região. O conselheiro anjo oferece insights sobre as diferenças culturais, comportamentos de consumo e tendências de mercado, permitindo que a startup adapte suas estratégias e produtos para melhor atender às expectativas locais. Esse conhecimento é fundamental para empresas que buscam expandir internacionalmente ou que operam em setores com diversidade cultural significativa.

Ao compreender a profundidade e amplitude dessas responsabilidades, o conselheiro anjo está mais bem preparado para entregar valor real à startup. Cada um desses tópicos desempenha um papel essencial no sucesso do empreendimento e reflete a importância de uma atuação estratégica e bem fundamentada desde o início da mentoria.

CAPÍTULO 3
FRAMEWORK DE TRABALHO DO
CONSELHEIRO ANJO

O framework de trabalho (aqui proposto como bússula inicial para jornada) ao conselheiro anjo é essencial para guiar suas interações com as startups de maneira estruturada e eficiente. Mais do que fornecer conselhos pontuais, o conselheiro anjo deve atuar de forma contínua e estratégica, ajudando os fundadores a alcançar metas específicas e a superar desafios críticos para o crescimento do negócio. Este capítulo descreve um framework que pode ser implementado em encontros e mentorias, organizando as atividades em fases claras que vão desde a preparação inicial até o acompanhamento pós-reunião. A seguir, detalhamos cada uma das etapas para garantir uma implementação eficaz.

3.1 Preparação Pré-Encontro

A preparação para cada encontro é fundamental para que o conselheiro chegue bem informado e capaz de oferecer insights relevantes. Essa fase envolve a análise detalhada da situação atual da startup, o estudo de seus materiais e a identificação de questões que precisam ser discutidas com os fundadores.

3.1.1. Etapas da preparação:

- **Revisão de documentos-chave:** O conselheiro deve revisar o plano de negócios da startup, seus demonstrativos financeiros, pitch decks e outras documentações essenciais. Isso permite uma compreensão aprofundada do modelo de negócios, proposta de valor, metas de curto e longo prazo, e possíveis lacunas que precisam ser abordadas.

- **Pesquisa de mercado:** Analisar o setor em que a startup atua, observando tendências, concorrentes e oportunidades emergentes. Isso oferece uma visão ampla do contexto em que a empresa está inserida e ajuda a fornecer conselhos mais estratégicos.
- **Definição de objetivos para o encontro:** É importante que o conselheiro e os fundadores alinhem as expectativas para cada reunião. Estabelecer objetivos claros, como resolver um problema específico ou revisar uma estratégia de crescimento, mantém o foco durante o encontro.

A preparação pré-encontro é essencial para garantir que o conselheiro esteja munido de informações e possa trazer sugestões estratégicas e bem embasadas, maximizando o valor de cada interação.

3.2 Estrutura do Encontro

Os encontros entre o conselheiro anjo e os fundadores devem seguir uma estrutura que permita a discussão organizada e o acompanhamento dos tópicos relevantes. Um formato padrão para as reuniões pode garantir que nenhuma área crítica seja negligenciada e que todos os envolvidos estejam cientes dos próximos passos a serem seguidos.

- **Estrutura sugerida para os encontros:**

3.2.1. Abertura e alinhamento (5-10 minutos):

Iniciar o encontro com uma breve abertura, relembrando os objetivos definidos anteriormente. Um resumo rápido do progresso desde a última reunião também pode ajudar a contextualizar a conversa. Essa etapa é essencial para alinhar expectativas sobre os tópicos a serem discutidos e reforçar o relacionamento entre conselheiro e fundadores.

3.2.2. Atualizações recentes (15-20 minutos):

Os fundadores devem compartilhar os avanços realizados desde o último encontro, bem como os desafios enfrentados. Nesta etapa, o conselheiro pode avaliar como as recomendações anteriores foram implementadas e identificar possíveis obstáculos que precisam de suporte adicional.

3.2.3. Discussão principal (40-60 minutos):

Esta é a parte central do encontro, onde são abordados os temas mais críticos para o desenvolvimento da startup. A discussão pode variar, mas normalmente envolve:

- **Estratégia de negócios:** Revisão do modelo de negócios, análise de oportunidades de mercado e avaliação de possíveis ajustes estratégicos.
- **Operações e gestão:** Otimização de processos internos, eficiência operacional e análise da estrutura organizacional.
- **Marketing e vendas:** Avaliação de estratégias de aquisição de clientes, canais de marketing e eficácia das campanhas de vendas.
- **Tecnologia e produto:** Discussão do roadmap de desenvolvimento de produto, feedbacks dos clientes e análise de inovações tecnológicas que podem ser adotadas.

3.2.4. Definição de próximos passos (15-20 minutos):

É importante que o encontro seja encerrado com a definição de ações claras. O conselheiro e os fundadores devem listar tarefas específicas, com responsáveis e prazos definidos, para garantir que as decisões tomadas durante o encontro sejam implementadas. Isso ajuda a criar responsabilidade e acompanhar o progresso nas reuniões futuras.

3.2.5. Feedback e encerramento (5-10 minutos):

O encerramento do encontro deve incluir uma troca de feedback entre o conselheiro e os fundadores sobre a efetividade da reunião. Isso garante uma melhoria contínua no processo de mentoria e ajuda a ajustar a abordagem conforme as necessidades da startup evoluem.

3.3 Pós-Encontro

O trabalho do conselheiro anjo não termina ao final do encontro. Após cada reunião, é essencial garantir que as discussões e decisões sejam documentadas e que as ações acordadas sejam monitoradas ao longo do tempo.

3.3.1. Etapas do pós-encontro:

- **Envio de um relatório resumido:** O conselheiro deve enviar aos fundadores um resumo dos tópicos discutidos e das ações acordadas. Esse relatório serve como um guia de referência até o próximo encontro e assegura que todos os envolvidos estejam cientes de suas responsabilidades.

- **Monitoramento de KPIs e metas:** Estabelecer indicadores-chave de desempenho (KPIs) e metas mensuráveis que possam ser acompanhados ao longo do tempo é crucial para avaliar o progresso da startup. O conselheiro deve revisar esses KPIs regularmente e fazer ajustes conforme necessário.

- **Comunicação contínua:** Além dos encontros formais, é importante que o conselheiro esteja disponível para suporte adicional entre as reuniões. Manter canais abertos de comunicação para esclarecer dúvidas ou fornecer orientação emergencial pode ser vital em momentos de crise ou decisão.

3.4 Componentes Essenciais do Framework

Este framework é construído com base em três componentes essenciais:

a. **Mentoria personalizada:** Cada startup tem suas próprias necessidades e desafios. O conselheiro deve adaptar sua abordagem conforme o estágio de desenvolvimento da empresa e as particularidades dos fundadores.

b. **Orientação baseada em dados:** Toda tomada de decisão deve ser fundamentada em dados concretos, como desempenho financeiro, métricas de mercado e tendências de comportamento do consumidor. O conselheiro deve incentivar o uso de dados como base para a formulação de estratégias.

c. Abordagem colaborativa: O conselheiro deve trabalhar em parceria com os fundadores, estimulando a participação ativa deles nas discussões e decisões. Um ambiente de co-criação de soluções é mais produtivo e aumenta as chances de sucesso a longo prazo.

3.5 Ferramentas e Recursos

O uso de ferramentas e recursos adequados pode facilitar o trabalho do conselheiro e aumentar a eficiência da mentoria. Plataformas de comunicação como Zoom, Microsoft Teams e Slack podem ser usadas para encontros virtuais, enquanto ferramentas de gestão de projetos como Trello e Asana ajudam a organizar e acompanhar tarefas e metas. Além disso, é importante utilizar software de análise de mercado, gestão financeira e métricas de desempenho para embasar as decisões com dados confiáveis.

3.6 Ética e Boas Práticas

Durante toda a mentoria, o conselheiro deve seguir princípios éticos rigorosos, garantindo a confidencialidade das informações compartilhadas pela startup. Também é fundamental agir com transparência, evitando conflitos de interesse e sempre promovendo um ambiente de respeito e empatia.

3.7 Avaliação e Melhoria Contínua

Para que a mentoria seja efetiva e traga resultados a longo prazo, é essencial que o conselheiro avalie constantemente a eficácia de sua abordagem e busque melhorar. Solicitar feedback regular dos fundadores, revisar as estratégias implementadas e ajustar a orientação conforme necessário são práticas fundamentais para manter a relevância da mentoria.

3.8 Considerações Culturais e Regionais

Por fim, o conselheiro deve levar em conta as particularidades culturais e regionais do mercado em que a startup opera. O entendimento de nuances locais, tanto culturais quanto regulatórias, é crucial para oferecer conselhos práticos e realistas que aumentem as chances de sucesso da empresa em diferentes contextos.

CAPÍTULO 4
PLANO DE AÇÃO POR ENCONTRO:
CRONOGRAMA DE 12 SEMANAS

4.1 _Semana 1_: Encontro Inicial - **Alinhamento e Definição de Objetivos**

4.1.1. Objetivos:

- Construir uma base de confiança e compreensão mútua entre o conselheiro e os fundadores.
- Compreender a visão, missão e valores da startup.
- Definir as expectativas para o processo de mentoria e os principais objetivos de curto e longo prazo.
- Estabelecer um cronograma de encontros e definir os principais pontos de atenção para as próximas semanas.

4.1.2. Plano de Ação:

4.1.2.a. Preparação Pré-Encontro:

- Revisar o plano de negócios da startup, pitch deck e quaisquer outros documentos fornecidos.
- Familiarizar-se com o histórico da startup, seus produtos, clientes-alvo e posição atual no mercado.
- Analisar superficialmente o setor para entender o contexto inicial da empresa.

4.1.2.b. Durante o Encontro:

- **Apresentação mútua:** O conselheiro deve se apresentar formalmente, explicando sua experiência e como pode ajudar. Os fundadores devem compartilhar sua jornada até o momento.

- **Discussão sobre a visão e missão da startup**: Ajudar os fundadores a esclarecer sua visão de longo prazo e os objetivos estratégicos. Isso garante alinhamento nas expectativas.

- **Identificação de principais desafios**: Questionar os fundadores sobre os principais desafios enfrentados pela startup até o momento.

- **Definição de metas SMART (Específicas, Mensuráveis, Atingíveis, Relevantes e com prazo determinado)**: Colaborar com os fundadores para criar metas claras para a mentoria e a evolução da empresa.

- **Estabelecimento de um cronograma**: Definir a frequência e duração dos encontros, bem como as áreas principais a serem abordadas em cada uma das próximas semanas.

4.1.2.c. Pós-Encontro:
- Enviar um resumo por escrito com os principais pontos discutidos, as metas definidas e o cronograma acordado.
- Identificar as áreas de maior prioridade para serem abordadas nas próximas reuniões.

4.2 *Semana 2*: Análise de Mercado e Concorrência

4.2.1. Objetivos:
- Compreender o ambiente de mercado em que a startup está inserida.
- Identificar as principais tendências, oportunidades e ameaças do setor.
- Avaliar os concorrentes diretos e indiretos para estabelecer um diferencial competitivo claro.

4.2.2. Plano de Ação:

4.2.2.a. Preparação Pré-Encontro:
- Solicitar aos fundadores informações sobre pesquisas de mercado, análises internas ou relatórios já existentes.
- Realizar uma pesquisa independente para compreender as principais tendências de mercado, incluindo fatores macroeconômicos, regulamentares e tecnológicos que podem afetar a startup.
- Listar os concorrentes diretos e indiretos da startup e coletar dados sobre suas estratégias e posicionamento.

4.2.2.b. Durante o Encontro:
- **Discussão sobre o setor:** Revisar o setor em que a startup está inserida, discutindo as oportunidades e desafios gerais. Considerar fatores como crescimento de mercado, inovação e barreiras de entrada.

- **Análise de concorrência:** Examinar a lista de concorrentes e comparar seus produtos, modelos de negócios, canais de distribuição e estratégias de marketing. Identificar pontos fortes e fracos.
- **SWOT Analysis:** Realizar uma análise SWOT (Forças, Fraquezas, Oportunidades, Ameaças) da startup em relação aos concorrentes.
- **Diferenciação estratégica:** Discutir como a startup pode se diferenciar no mercado em relação aos concorrentes. Avaliar o que pode ser feito para ganhar uma vantagem competitiva sustentável.

4.2.2.c. Pós-Encontro:

- Enviar um relatório com os principais insights da análise de mercado e concorrência.
- Identificar oportunidades de mercado e ações que a startup pode tomar para aproveitar essas oportunidades e enfrentar ameaças.
- Sugerir ajustes no modelo de negócios ou na estratégia da empresa com base nos dados coletados.

4.3 *Semana 3*: Estratégia de Marketing e Vendas

4.3.1. Objetivos:

- Definir uma estratégia de marketing eficaz para aquisição de clientes e retenção.
- Identificar os canais de marketing e vendas mais adequados para o público-alvo.
- Estabelecer métricas para medir a eficácia das campanhas de marketing e vendas.

4.3.2. Plano de Ação:

4.3.2.a. Preparação Pré-Encontro:

- Solicitar aos fundadores informações sobre estratégias de marketing e vendas já existentes, campanhas passadas e resultados obtidos.
- Analisar o público-alvo e segmentações de clientes para identificar quais abordagens de marketing são mais apropriadas.
- Pesquisar sobre as tendências de marketing digital, automação de marketing e técnicas de vendas adequadas ao setor da startup.

4.3.2.b. Durante o Encontro:

- **Discussão sobre o público-alvo:** Reavaliar os perfis de clientes e segmentos de mercado que a startup deseja atingir. Identificar seus comportamentos, necessidades e preferências.
- **Mix de marketing:** Trabalhar em conjunto com os fundadores para definir o mix de marketing adequado (Produto, Preço, Praça, Promoção). Determinar como a startup pode criar uma mensagem de marketing que ressoe com seus clientes-alvo.
- **Canais de marketing:** Identificar os canais de marketing mais adequados (mídias sociais, marketing de conteúdo, email marketing, SEO, etc.). Avaliar a presença online e offline da startup e discutir melhorias.
- **Estratégia de vendas:** Discutir o processo de vendas, desde a aquisição de leads até o fechamento. Avaliar o funil de vendas e os métodos de qualificação de leads. Desenvolver scripts de vendas e abordagens personalizadas para conversas com clientes.

- **Métricas de desempenho:** Estabelecer KPIs (como CAC - Custo de Aquisição de Clientes, LTV - Lifetime Value, taxa de conversão, ROI de marketing) que a startup deve acompanhar para medir o sucesso das campanhas.

4.3.2.c. Pós-Encontro:

- Elaborar um plano de marketing e vendas, com foco em canais prioritários, mensagens-chave e campanhas iniciais.
- Definir um calendário de ações de marketing e vendas para os próximos meses.
- Sugerir ferramentas de automação de marketing e CRM para a implementação das estratégias discutidas.

4.4 *Semana 4*: Desenvolvimento de Produto/Serviço

4.4.1. Objetivos:

- Avaliar o estado atual do produto ou serviço.
- Coletar feedback de usuários e clientes potenciais para identificar melhorias e inovações necessárias.
- Ajustar o roadmap de desenvolvimento para garantir que o produto atenda às necessidades do mercado.

4.4.2. Plano de Ação:

4.4.2.a. Preparação Pré-Encontro:
- Solicitar aos fundadores uma visão geral do produto ou serviço atual e dados de feedback já coletados.
- Analisar dados de uso e métricas de satisfação dos usuários, caso disponíveis.
- Revisar o roadmap de desenvolvimento para entender o cronograma e as prioridades.

4.4.2.b. Durante o Encontro:
- **Coleta de feedbacks:** Discutir os feedbacks recebidos de clientes e usuários finais. Identificar padrões nas reclamações ou solicitações recorrentes.
- **Revisão do roadmap:** Avaliar as funcionalidades atuais e revisar a lista de prioridades no desenvolvimento de novas features. Focar em funcionalidades que trarão maior valor para o cliente e alinhamento com o mercado.
- **Testes e protótipos:** Decidir se há a necessidade de realizar novos testes com protótipos ou lançar um MVP (Produto Mínimo Viável) para validar hipóteses rapidamente.

4.4.2.c. Pós-Encontro:
- Atualizar o roadmap com base nas decisões tomadas durante o encontro.
- Definir um cronograma para revisões periódicas do produto e coletas de feedback contínuo.
- Implementar um sistema para registrar feedbacks de clientes e usuários para análise futura.

4.5 *Semana 5*: Operações e Processos Internos

4.5.1. Objetivos:
- Otimizar os processos internos da startup para aumentar a eficiência.
- Identificar gargalos operacionais e implementar ferramentas para melhorar a automação e gestão de projetos.

4.5.2. Plano de Ação:

4.5.2.a. Preparação Pré-Encontro:
- Solicitar aos fundadores uma descrição dos processos operacionais atuais, identificando áreas que precisam de melhorias.
- Realizar uma análise preliminar sobre os fluxos de trabalho, ferramentas utilizadas e gargalos conhecidos.

4.5.2.b. Durante o Encontro:
- **Mapeamento dos processos atuais:** Criar um fluxograma dos processos operacionais principais da startup. Identificar os pontos de ineficiência e gargalos.
- **Automação de processos:** Discutir possíveis ferramentas de automação que podem ser implementadas, como sistemas de CRM (Gestão de Relacionamento com o Cliente) ou ERP (Planejamento de Recursos Empresariais).
- **Gestão de projetos:** Introduzir metodologias ágeis, como Scrum ou Kanban, para organizar e acompanhar o progresso das equipes de desenvolvimento e operações.

4.5.2. c. Pós-Encontro:

- Implementar as ferramentas sugeridas e ajustar os processos internos.
- Criar um sistema de monitoramento para acompanhar os resultados das mudanças.
- Treinar a equipe para a adaptação às novas ferramentas e metodologias de trabalho.

4.6 _Semana 6_: Finanças e Planejamento Financeiro

4.6.1. Objetivos:

- Avaliar a saúde financeira da startup, revisar demonstrações financeiras e projetar cenários de crescimento.
- Implementar um planejamento financeiro que garanta a sustentabilidade e o crescimento da empresa.

4.6.2. Plano de Ação:

4.6.2.a. Preparação Pré-Encontro:

- Solicitar os relatórios financeiros atuais, incluindo DRE (Demonstrativo de Resultados do Exercício), balanço patrimonial e fluxo de caixa.
- Revisar as despesas, receitas e margem de lucro atuais para uma avaliação inicial da saúde financeira.

4.6.2.b. Durante o Encontro:

- Revisão das finanças: Analisar os relatórios financeiros para entender a situação atual da empresa. Identificar áreas onde há espaço para otimização de custos ou aumento de receita.

- Projeções financeiras: Desenvolver projeções para os próximos 12 a 24 meses, considerando diferentes cenários de crescimento (otimista, realista e pessimista).
- Fluxo de caixa e controle de custos: Implementar um controle rigoroso do fluxo de caixa para garantir que a empresa mantenha liquidez suficiente. Definir metas financeiras para redução de custos e crescimento de receita.

4.6.2.c. Pós-Encontro:

- Elaborar um plano financeiro atualizado com base nas projeções e metas definidas.
- Implementar controles financeiros e revisar o orçamento regularmente para ajustar conforme necessário.
- Estabelecer KPIs financeiros para monitoramento constante.

4.7 *Semana 7*: Preparação para Captação de Investimentos

4.7.1.Objetivos:

- Preparar a startup para uma rodada de captação de investimentos, refinando materiais de apresentação e garantindo que a empresa esteja pronta para due diligence.
- Desenvolver uma estratégia clara para abordar investidores.

4.7.2. Plano de Ação:

4.7.2.a. Preparação Pré-Encontro:

- Solicitar aos fundadores o pitch deck atual e materiais utilizados em rodadas de financiamento anteriores (se aplicável).
- Revisar documentos-chave da empresa, como contratos, registros financeiros e propriedade intelectual, para garantir que estejam prontos para due diligence.

4.7.2.b. Durante o Encontro:

- **Revisão do pitch deck:** Refine o pitch deck com foco em métricas de tração, diferenciais competitivos e potencial de crescimento. Certifique-se de que a narrativa seja clara e persuasiva para investidores.
- **Documentação para due diligence:** Organize todos os documentos essenciais, incluindo demonstrações financeiras, propriedade intelectual, contratos com fornecedores e parceiros, e qualquer outra documentação relevante.
- **Simulações de pitch:** Realizar simulações de apresentação para investidores, com feedback construtivo para melhorar o discurso.
- **Identificação de investidores-alvo:** Definir uma lista de investidores em potencial e elaborar uma estratégia de abordagem personalizada para cada tipo de investidor.

4.2.7.c. Pós-Encontro:

- Refinar o pitch com base no feedback recebido durante as simulações.
- Elaborar um cronograma para abordagens e reuniões com investidores.
- Estabelecer um plano de comunicação para acompanhar as conversas e negociações com investidores.

4.8 *Semana 8*: Equipe e Cultura Organizacional

4.8.1. Objetivos:

- Avaliar a estrutura atual da equipe e identificar lacunas de competências.
- Fortalecer a cultura organizacional para garantir o alinhamento entre os valores da empresa e os colaboradores.

4.8.2. Plano de Ação:

4.8.2.a. Preparação Pré-Encontro:

- Solicitar uma descrição da estrutura organizacional atual e uma avaliação das funções e responsabilidades de cada membro da equipe.
- Identificar as políticas de RH existentes, como planos de carreira, retenção de talentos e benefícios.

4.8.2.b. Durante o Encontro:

- **Análise de equipe:** Avaliar o desempenho da equipe atual e identificar lacunas em termos de habilidades e competências críticas. Discutir planos de crescimento da equipe e contratações futuras.

- **Cultura organizacional:** Definir ou refinar os valores, princípios e comportamentos que devem guiar a cultura da startup. Discutir a importância de uma cultura organizacional saudável e coesa.
- **Desenvolvimento de talentos:** Discutir políticas de desenvolvimento de carreira, retenção de talentos e criação de um ambiente de trabalho que promova a inovação e o crescimento pessoal.

4.8.2.c. Pós-Encontro:

- Desenvolver um plano de crescimento da equipe, com prioridades para novas contratações.
- Definir programas de desenvolvimento de carreira e planos de retenção de talentos.
- Implementar atividades que reforcem a cultura organizacional.

4.9 *Semana 9*: Governança e Compliance

4.9.1. Objetivos:

- Estabelecer uma estrutura de governança robusta que promova o crescimento sustentável e atraia investidores.
- Garantir que a empresa esteja em conformidade com todas as regulamentações aplicáveis.

4.9.2. Plano de Ação:

4.9.2.a. Preparação Pré-Encontro:

- Solicitar uma visão geral da estrutura de governança existente (se houver) e das políticas de compliance implementadas.
- Revisar os contratos e políticas internas para garantir conformidade com leis e regulamentações.

4.9.2.b. Durante o Encontro:

- **Definição de papéis e responsabilidades:** Estabelecer uma estrutura clara de governança, definindo papéis e responsabilidades dos sócios e gestores.
- **Políticas de compliance:** Implementar códigos de ética, conduta e outras políticas internas para garantir a conformidade com regulamentações locais e internacionais.
- **Consultoria jurídica:** Discutir a necessidade de consultoria jurídica especializada para revisar contratos e garantir conformidade regulatória.

4.9.2.c. Pós-Encontro:

- Criar ou refinar a estrutura de governança corporativa.
- Desenvolver políticas internas que promovam transparência, ética e conformidade.
- Revisar periodicamente a conformidade e ajustar as políticas conforme necessário.

4.10 *Semana 10*: Networking e Parcerias Estratégicas

4.10.1. Objetivos:

- Expandir a rede de contatos da startup, identificando oportunidades de parcerias estratégicas que possam acelerar o crescimento.
- Desenvolver uma estratégia de networking eficaz para ampliar a visibilidade da startup.

4.10.2. Plano de Ação:

4.10.2.a. Preparação Pré-Encontro:

- Solicitar aos fundadores uma lista de eventos e conferências em que a startup já participou ou tem interesse em participar.
- Identificar parceiros e potenciais aliados estratégicos para o crescimento da empresa.

4.10.2.b. Durante o Encontro:

- **Identificação de eventos:** Mapear eventos, feiras e conferências relevantes no setor da startup. Definir objetivos claros para a participação nesses eventos (ex.: gerar leads, atrair investidores, buscar parceiros).
- **Estratégia de networking:** Desenvolver um plano de networking, com base nos objetivos da empresa. Criar uma lista de potenciais parceiros estratégicos, clientes e investidores para serem abordados.
- **Iniciação de parcerias:** Iniciar conversas com potenciais parceiros e negociar alianças que possam beneficiar ambas as partes.

4.10.2.c. Pós-Encontro:

- Elaborar um cronograma de eventos e reuniões estratégicas.
- Acompanhar as conversas iniciadas com parceiros e clientes potenciais.
- Avaliar o impacto das atividades de networking e ajustar a estratégia conforme necessário.

4.11 *Semana 11*: Planejamento Estratégico de Longo Prazo

4.11.1. Objetivos:
- Definir uma visão clara de longo prazo para a startup, alinhada com metas de crescimento sustentável.
- Desenvolver um plano estratégico para inovação contínua e expansão de mercado.

4.11.2. Plano de Ação:

4.11.2.a. Preparação Pré-Encontro:
- Revisar as metas estabelecidas no início da mentoria e os resultados obtidos até o momento.
- Identificar oportunidades de expansão e inovação que ainda não foram exploradas.

4.11.2.b. Durante o Encontro:
- **Revisão de metas:** Avaliar o progresso em relação às metas definidas no início da mentoria e ajustar conforme necessário.
- **Expansão de mercado:** Discutir estratégias para expandir para novos mercados ou segmentos de clientes. Avaliar a viabilidade de internacionalização, diversificação de produtos ou novos canais de distribuição.
- **Inovação contínua:** Desenvolver um plano de inovação contínua, incentivando pesquisa e desenvolvimento (P&D) e a adoção de novas tecnologias.

4.11.2.c. Pós-Encontro:

- Elaborar um plano estratégico de longo prazo, com foco em sustentabilidade e crescimento.
- Definir marcos de inovação e expansões futuras.
- Criar um cronograma para revisões periódicas do planejamento estratégico.

4.12 *Semana 12*: Encerramento e Próximos Passos

4.12.1. Objetivos:

- Avaliar o progresso feito durante as 12 semanas de mentoria.
- Definir os próximos passos e metas de longo prazo para a startup.
- Discutir a continuidade da relação entre o conselheiro e a startup.

4.12.2. Plano de Ação:

4.12.2.a. Preparação Pré-Encontro:

- Revisar todos os relatórios e os planos desenvolvidos durante o programa de 12 semanas.
- Preparar uma análise das áreas de maior progresso e das que ainda necessitam de mais foco.

4.12.2.b. Durante o Encontro:

- **Autoavaliação:** Discutir os resultados alcançados e refletir sobre as conquistas e desafios. Identificar o que funcionou bem e o que pode ser melhorado em futuras mentorias.
- **Definição de novas metas:** Com base no progresso obtido, definir novas metas de curto e longo prazo. Estabelecer prioridades para o futuro.

- **Continuidade da mentoria:** Discutir a possibilidade de continuar o relacionamento entre o conselheiro e a startup. Estabelecer um plano de acompanhamento, caso necessário.

4.12.2.c. Pós-Encontro:

- Elaborar um plano de acompanhamento e definir marcos para as próximas revisões.
- Enviar um resumo final com os principais resultados obtidos durante as 12 semanas de mentoria.
- Continuar disponível para suporte e orientação conforme a startup evolui.

Esses planos de ação fornecem uma estrutura clara para cada uma das semanas do cronograma de 12 semanas, cobrindo os principais aspectos do desenvolvimento de uma startup e garantindo que todas as áreas críticas sejam abordadas de forma estratégica e focada em resultados.

CAPÍTULO 5
BOAS PRÁTICAS E CONSIDERAÇÕES ÉTICAS
PARA CONSELHEIROS ANJO

Para que um conselheiro anjo alcance a excelência, é fundamental que ele adote um conjunto de boas práticas e princípios éticos que orientem sua mentoria. Este capítulo detalha como essas práticas podem ser implementadas de maneira concreta, garantindo uma mentoria eficaz, ética e orientada para resultados.

5.1 Comunicação Eficaz

A comunicação é o alicerce de uma mentoria bem-sucedida. O conselheiro deve ser capaz de transmitir suas ideias de forma clara e direta, ajustando sua abordagem ao perfil dos fundadores e à cultura da startup.

5.1.1.Ações Práticas para Comunicação Eficaz:

5.1.1.a. Escuta Ativa:

- Como implementar: Durante as reuniões, reserve tempo para ouvir atentamente os fundadores sem interrupções. Pratique o feedback verbal, como "entendo" ou "compreendo", seguido de perguntas que demonstrem interesse genuíno.
- **Prática:** Anotar os pontos principais das conversas ajuda a refletir sobre as preocupações e desafios mencionados, permitindo que o conselheiro ofereça respostas mais precisas e orientadas.

5.1.1.b. Feedback Construtivo:

- **Como implementar:** Em vez de focar apenas nos problemas, ofereça soluções práticas. Use a técnica "sanduíche" (elogio – crítica – elogio), onde você inicia com uma observação positiva, segue com a área de melhoria, e conclui reforçando um ponto forte.
- **Prática:** Estabeleça reuniões regulares para revisões de progresso, sempre buscando oferecer feedback imediato e construtivo, que possa ser aplicado diretamente nas operações da startup.

5.1.1.c. Transparência:

- **Como implementar:** Ao discutir expectativas ou prazos, sempre seja honesto quanto às limitações, especialmente em relação ao tempo ou recursos disponíveis. Evite promessas que não possam ser cumpridas.
- **Prática:** Durante as reuniões, utilize ferramentas como um Google Doc compartilhado para alinhar as expectativas e registrar compromissos, deixando claro o que é viável em cada etapa.

5.2 Empatia e Inteligência Emocional

Demonstrar empatia e inteligência emocional é essencial para construir uma relação de confiança entre o conselheiro e os fundadores. Startups enfrentam pressões emocionais significativas, e o conselheiro deve estar atento a esses aspectos.

5.2.1.Práticas para Desenvolver Empatia:

5.2.1.a. Reconhecimento das Dificuldades:

- **Como implementar:** Ao identificar que os fundadores estão enfrentando dificuldades, reconheça seus desafios antes de oferecer conselhos. Frases como "Eu entendo que isso deve estar sendo difícil" ajudam a criar uma conexão.
- **Prática:** Use um momento no início de cada reunião para perguntar sobre o bem-estar dos fundadores, abordando tanto o lado profissional quanto o pessoal, se apropriado.

5.2.1.b. Incentivo e Apoio:

- **Como implementar:** Ofereça palavras de incentivo sempre que os fundadores superarem obstáculos. Reforce que altos e baixos são normais no empreendedorismo.
- **Prática:** Crie um espaço seguro para os fundadores compartilharem frustrações. Mantenha uma postura positiva e mostre exemplos de outras empresas que enfrentaram desafios semelhantes e se recuperaram.

5.2.1.c. Construção de Confiança:

- **Como implementar:** Mostre-se disponível e acessível para conversas informais, seja por mensagem ou reuniões rápidas. Deixe claro que o conselheiro está sempre presente para ajudar.
- **Prática:** Agende check-ins regulares fora das reuniões formais para fortalecer a confiança e garantir que os fundadores se sintam à vontade para compartilhar preocupações.

5.3 Integridade e Ética Profissional

A integridade e a ética são pilares fundamentais para qualquer conselheiro anjo. Além de oferecer orientação técnica, o conselheiro deve ser um exemplo de conduta ética.

5.3.1. Princípios de Ética para Conselheiros Anjo:

5.3.1.a. Confidencialidade:

- **Como implementar:** Estabeleça, desde o início, acordos claros sobre confidencialidade. Assine acordos de não divulgação (NDAs) se necessário, e mantenha todos os detalhes estratégicos da startup em sigilo.
- **Prática:** Guarde documentos e informações sensíveis em plataformas seguras, como Google Drive com acesso restrito, e nunca discuta informações privadas com terceiros.

5.3.1.b. Conflitos de Interesse:

- **Como implementar:** Sempre que surgir um potencial conflito de interesse, seja transparente com os fundadores e discuta abertamente como proceder. Evite atuar em startups que competem diretamente entre si.
- **Prática:** Mantenha um registro atualizado de suas participações em empresas e sua relação com investidores para garantir total transparência.

5.3.1.c. Respeito e Imparcialidade:

- **Como implementar:** Trate todos os membros da equipe da startup com respeito, independente de suas posições ou contribuições. Fique atento para não favorecer determinados sócios ou colaboradores.

- **Prática:** Durante as reuniões, incentive a participação de todos os membros da equipe, criando um ambiente de respeito mútuo e tomada de decisões conjunta.

5.4 Flexibilidade e Adaptabilidade

As startups operam em ambientes de rápida mudança. O conselheiro anjo deve estar preparado para ajustar suas recomendações conforme o cenário evolui e novas informações surgem.

5.4.1. Práticas para Flexibilidade:

5.4.1.a. Ajuste de Estratégias:

- **Como implementar:** Revise regularmente as estratégias definidas e, se necessário, ajuste os planos de ação com base em novas circunstâncias. Avalie o impacto de mudanças externas, como tendências de mercado ou alterações regulatórias.
- **Prática:** Reúna-se mensalmente para revisar os indicadores de desempenho e, se os resultados estiverem fora do esperado, sugira ajustes na rota estratégica.

5.4.1.b. Abertura para Feedback:

- **Como implementar:** Solicite feedback direto dos fundadores sobre a eficácia de sua mentoria e esteja disposto a ajustar o estilo de acordo com as necessidades deles.
- **Prática:** A cada trimestre, conduza uma sessão dedicada exclusivamente ao feedback mútuo, avaliando tanto o conselheiro quanto os fundadores.

5.4.1.c. Inovação Contínua:

- **Como implementar:** Incentive os fundadores a testar novas ideias e abordagens, mesmo que fora da zona de conforto. Apoie a adoção de novas tecnologias ou metodologias ágeis.
- **Prática:** Promova sessões de brainstorming regulares, onde todas as ideias são bem-vindas, e ajude a startup a pilotar novos projetos ou conceitos inovadores.

5.5 Desenvolvimento de Competências

O conselheiro deve ajudar os fundadores a adquirir novas competências que os capacitem a liderar suas startups de maneira eficaz e sustentável.

5.5.1. Áreas e Práticas para o Desenvolvimento:

5.5.1.a. Liderança e Gestão de Equipes:

- **Como implementar:** Ofereça orientação sobre técnicas de liderança, delegação de responsabilidades e gestão de conflitos. Sugira a participação em cursos de liderança, como os oferecidos pelo Coursera ou Udemy.
- **Prática:** Promova workshops internos ou convide especialistas para treinamentos específicos sobre liderança e cultura organizacional.

5.5.1.b. Tomada de Decisão:

- **Como implementar:** Ensine os fundadores a usar métodos analíticos para tomar decisões. Ferramentas como Matriz de Decisão e Análise SWOT ajudam a equilibrar as variáveis antes de tomar uma decisão importante.

- **Prática:** Organize exercícios práticos de tomada de decisão, onde cenários hipotéticos são analisados, e os fundadores aprendem a aplicar técnicas analíticas.

5.5.1.c. Autonomia e Responsabilidade:

- **Como implementar:** Incentive os fundadores a assumirem a responsabilidade por suas decisões, mostrando a importância de documentar decisões e avaliar seus impactos.
- **Prática:** Crie um sistema de accountability, onde os fundadores relatam periodicamente suas decisões, analisam resultados e corrigem o curso, se necessário.

5.6 Networking e Expansão de Relacionamentos

O conselheiro anjo pode abrir portas que vão além da orientação técnica, facilitando a expansão de redes de contatos e fortalecendo o crescimento da startup.

5.6.1. Práticas de Networking Eficaz:

5.6.1.a. Acesso a Contatos Estratégicos:

- **Como implementar:** Utilize sua rede para apresentar os fundadores a investidores, parceiros ou clientes potenciais. Crie oportunidades de networking, organizando cafés da manhã ou encontros informais com contatos estratégicos.
- **Prática:** Faça apresentações personalizadas via e-mail ou LinkedIn para conectar os fundadores a pessoas-chave, facilitando a entrada da startup em novos círculos de negócios.

5.6.1.b. Participação em Eventos:

- **Como implementar:** Identifique eventos, conferências e feiras de negócios relevantes e incentive os fundadores a participarem ativamente. Ajude-os a preparar pitches e apresentações.
- **Prática:** Acompanhe os fundadores em eventos importantes, ajudando a maximizar o networking e guiando-os na abordagem de potenciais investidores ou parceiros.

5.6.1.c. Mentoria Contínua:

- **Como implementar:** Mesmo após o término da mentoria formal, mantenha contato com a startup e continue facilitando oportunidades de networking.
- **Prática:** Envie convites ou sugestões de eventos e oportunidades mesmo após o encerramento da mentoria, mostrando que o suporte continua.

5.7 Visão de Longo Prazo e Sustentabilidade

Além de apoiar o crescimento rápido, o conselheiro anjo deve garantir que o desenvolvimento da startup seja sustentável a longo prazo, equilibrando os ganhos imediatos com uma visão clara para o futuro.

5.7.1. Práticas para Garantir Sustentabilidade:

5.7.1.a. Foco em Práticas ESG:

- **Como implementar:** Oriente a startup sobre a adoção de práticas sustentáveis e responsáveis. Sugira a criação de um relatório de sustentabilidade e incentive ações de impacto social.

- **Prática:** Ajude a integrar práticas ESG no planejamento estratégico e nas operações diárias, criando um plano de ação concreto para metas ambientais, sociais e de governança.

5.7.1.b. Planejamento Estratégico de Longo Prazo:

- **Como implementar:** Ajude os fundadores a equilibrar as metas de curto prazo com uma visão de longo prazo. Desenvolva um plano estratégico que inclua inovação contínua e expansão sustentável.
- **Prática:** Realize sessões anuais de planejamento estratégico, onde metas de longo prazo são revisadas e ajustadas conforme o crescimento da empresa.

5.7.1.c. Estratégias de Saída Planejadas:

- **Como implementar:** Prepare os fundadores para possíveis estratégias de saída, como fusões, aquisições ou IPO, assegurando que todos os aspectos legais e financeiros estejam em ordem.
- **Prática:** A cada seis meses, discuta a viabilidade e o momento adequado para uma estratégia de saída. Avalie as condições do mercado e a prontidão da startup.

Essas orientações práticas ajudam o conselheiro anjo a materializar sua função com base em princípios éticos e boas práticas, promovendo o sucesso sustentável das startups.

CAPÍTULO 6
FERRAMENTAS E RECURSOS PARA CONSELHEIROS ANJO

O sucesso de uma startup depende não apenas de boas ideias, mas também da execução eficaz de estratégias, planos financeiros e operacionais. Para apoiar esse processo, o conselheiro anjo pode utilizar uma série de ferramentas tecnológicas que ajudam a organizar projetos, controlar finanças, expandir o marketing e automatizar processos. Abaixo estão descritas ferramentas essenciais para diferentes áreas da gestão de uma startup, além de onde encontrá-las e como usá-las de forma eficaz.

6.1 Ferramentas de Gestão de Projetos

O acompanhamento de projetos é crucial para que as startups mantenham o foco e a organização, assegurando que os prazos sejam cumpridos e os recursos sejam bem utilizados. Ferramentas de gestão de projetos ajudam a monitorar tarefas, atribuir responsabilidades e manter a equipe alinhada.

6.1.1. Principais Ferramentas:

6.1.1.a. Trello

- **Descrição:** Plataforma visual de gestão de projetos que usa quadros (boards) e listas para organizar tarefas de maneira simples e intuitiva. Cada tarefa é representada por um cartão, que pode ser movido de uma lista para outra conforme o progresso.

- **Funcionalidades:** Possui recursos como atribuição de tarefas, checklists, prazos e anexos. Ideal para equipes pequenas ou médias que precisam visualizar claramente o fluxo de trabalho.
- **Onde encontrar:** https://trello.com
- **Usos recomendados:** Ótimo para organizar sprints, listas de tarefas e acompanhar o progresso de um projeto ou produto de forma visual.

6.1.1.b. Asana

- **Descrição:** Ferramenta de gestão de projetos com funcionalidades avançadas, como a atribuição de tarefas detalhadas, monitoramento de prazos, criação de cronogramas e fluxos de trabalho personalizáveis.
- **Funcionalidades:** Oferece visões de lista, calendário, cronograma e Kanban. Atribui responsáveis e prazos para cada tarefa e facilita a colaboração em equipe.
- **Onde encontrar:** **https://asana.com**
- **Usos recomendados:** Excelente para startups que gerenciam múltiplos projetos simultâneos e precisam de uma visão detalhada do progresso de cada tarefa.

6.1.1.c. Monday.com

- **Descrição:** Plataforma completa de gestão de trabalho que oferece dashboards personalizáveis e relatórios em tempo real, ideal para equipes que precisam de uma visão ampla do progresso dos projetos e operações.
- **Funcionalidades:** Permite a criação de fluxos de trabalho, acompanhamento de KPIs e atribuição de tarefas com prazos. É altamente configurável e permite a integração com outras ferramentas de automação.

- **Onde encontrar:** https://monday.com
- **Usos recomendados:** Ideal para equipes maiores ou startups que precisam de relatórios detalhados e visões de alto nível sobre o andamento dos projetos.

6.2. Ferramentas de Gestão Financeira

Manter um controle financeiro sólido é essencial para garantir a sustentabilidade de uma startup. As ferramentas de gestão financeira permitem o controle de receitas, despesas e fluxo de caixa, além de ajudarem a criar projeções e relatórios financeiros.

6.2.1. Principais Ferramentas:

6.2.1.a. QuickBooks

- **Descrição:** Uma das ferramentas de contabilidade mais populares, usada para gerenciar receitas, despesas, faturas e folha de pagamento. Também oferece recursos para gerar relatórios financeiros detalhados.
- **Funcionalidades:** Acompanha o fluxo de caixa, gera relatórios de lucros e perdas, reconciliação bancária e permite a gestão de inventário e pagamento de contas.
- **Onde encontrar:** https://quickbooks.intuit.com
- **Usos recomendados:** Ideal para startups que precisam de uma solução completa para contabilidade e gestão financeira.

6.2.1.b. Xero

- **Descrição:** Ferramenta robusta de contabilidade, similar ao QuickBooks, mas especialmente adequada para startups que têm operações internacionais, com suporte a várias moedas e integração com bancos em diversos países.
- **Funcionalidades:** Permite o rastreamento de despesas, criação de faturas, pagamentos online e reconciliação bancária. Oferece suporte para integrações com plataformas de e-commerce e pagamento.
- **Onde encontrar:** https://www.xero.com
- **Usos recomendados:** Excelente para startups com clientes internacionais ou que precisam lidar com diferentes moedas e sistemas bancários.

6.2.1.c. Mint

- **Descrição:** Uma ferramenta mais simplificada voltada para o controle de orçamento pessoal e empresarial, especialmente útil para startups menores que não têm um contador dedicado.
- **Funcionalidades:** Permite a criação de orçamentos, rastreamento de despesas e receitas e alerta sobre transações ou metas financeiras.
- **Onde encontrar:** https://www.mint.com
- **Usos recomendados:** Ideal para startups menores ou fundadores que buscam uma solução básica para gestão financeira.

6.3 Ferramentas de Marketing e Vendas

Para escalar suas operações e captar clientes, startups precisam de estratégias bem definidas de marketing e vendas. As ferramentas de automação de marketing e CRM ajudam a otimizar os processos de aquisição e retenção de clientes.

6.3.1. Principais Ferramentas:

6.3.1.a. HubSpot CRM

- **Descrição:** Um CRM gratuito que oferece uma ampla gama de ferramentas para gerenciar leads, rastrear interações com clientes e automatizar processos de vendas e marketing.
- **Funcionalidades:** Inclui gerenciamento de contatos, automação de e-mails, funis de vendas, relatórios de desempenho e integrações com outras ferramentas de marketing.
- **Onde   encontrar:** https://www.hubspot.com/products/crm
- **Usos recomendados:** Ideal para startups que estão começando a estruturar seus funis de vendas e precisam de uma solução intuitiva e fácil de usar.

6.3.1.b. Mailchimp

- **Descrição:** Plataforma de automação de marketing por e-mail, amplamente usada para campanhas de marketing digital, newsletters e segmentação de públicos.
- **Funcionalidades:** Automação de campanhas de e-mail, segmentação de listas de contatos, análise de desempenho e integração com plataformas de e-commerce.

- **Onde encontrar:** https://mailchimp.com
- **Usos recomendados:** Excelente para startups que desejam implementar campanhas de e-mail marketing de maneira eficiente e automatizada.

6.3.1.c Salesforce

- **Descrição:** Um dos CRMs mais poderosos e personalizáveis do mercado, ideal para startups que estão em fase de crescimento acelerado e precisam de uma solução que escale com o negócio.
- **Funcionalidades:** Oferece ferramentas para automação de vendas, rastreamento de leads, gerenciamento de oportunidades e análise de dados.
- **Onde encontrar:** https://www.salesforce.com
- **Usos recomendados:** Recomendado para startups que buscam uma solução robusta e personalizável para gerenciar suas operações de vendas em escala.

6.4 Ferramentas de Análise de Mercado e Dados

Tomar decisões com base em dados é essencial para startups que buscam crescer de maneira sustentável. Ferramentas de análise de mercado e visualização de dados fornecem insights importantes sobre o comportamento do mercado e desempenho da empresa.

6.4.1. Principais Ferramentas:

6.4.1.a. Google Analytics

- **Descrição:** Ferramenta gratuita de análise de dados que monitora o tráfego de websites, comportamento de usuários e conversões.

- **Funcionalidades:** Fornece insights detalhados sobre o desempenho do site, origens de tráfego, comportamento de visitantes e eficácia das campanhas de marketing.
- **Onde encontrar:** https://analytics.google.com
- **Usos recomendados:** Ideal para startups com presença digital, que precisam entender melhor o comportamento dos usuários e otimizar o desempenho de seus sites.

6.4.1.b. SEMrush

- **Descrição:** Plataforma de análise competitiva, especialmente útil para monitorar estratégias de marketing digital, como SEO, campanhas de publicidade paga e backlinks de concorrentes.
- **Funcionalidades:** Permite análise de palavras-chave, auditoria de sites, rastreamento de rankings e monitoramento de concorrentes.
- **Onde encontrar:** https://www.semrush.com
- **Usos recomendados:** Ótimo para startups que estão desenvolvendo estratégias de marketing digital e desejam acompanhar o desempenho da concorrência.

6.4.1.c. Tableau / Power BI

- **Descrição:** Ferramentas de visualização de dados que ajudam a transformar grandes volumes de dados em relatórios visuais fáceis de interpretar.
- **Funcionalidades:** Criação de dashboards interativos, relatórios customizados e visualização de KPIs em tempo real.

- **Onde encontrar:**
- **Tableau:** https://www.tableau.com
- **Power BI: https://powerbi.microsoft.com**
- **Usos recomendados:** Recomendado para startups que precisam monitorar suas métricas de desempenho em tempo real e apresentar relatórios para investidores.

6.5 Ferramentas de Colaboração e Armazenamento de Arquivos

O gerenciamento e a colaboração eficaz em documentos e dados são essenciais, especialmente quando múltiplos membros da equipe estão envolvidos.

6.5.1. Principais Ferramentas:

6.5.1.a. **Google Drive**
- **Descrição:** Serviço de armazenamento em nuvem gratuito que oferece uma integração perfeita com Google Docs, Sheets e Slides para colaboração em tempo real.
- **Funcionalidades:** Permite armazenar, compartilhar e colaborar em arquivos com facilidade, com controle de versões e permissões de acesso.
- **Onde encontrar:** https://drive.google.com
- **Usos recomendados:** Ideal para startups que precisam de uma solução de armazenamento acessível e integração com outras ferramentas de produtividade.

6.5.1.b. **Dropbox**
- **Descrição:** Plataforma de armazenamento em nuvem que facilita o compartilhamento de arquivos, com um sistema robusto de controle de versão e sincronização de arquivos.

- **Funcionalidades:** Compartilhamento de arquivos, integração com aplicativos de produtividade e gerenciamento de versões de arquivos.
- **Onde encontrar:** https://www.dropbox.com
- **Usos recomendados:** Útil para startups que precisam de uma solução segura e escalável para compartilhar arquivos e gerenciar documentos de forma colaborativa.

6.6 Ferramentas de Inteligência Artificial

Ferramentas de IA podem otimizar diversas áreas de atuação de um conselheiro anjo, oferecendo insights mais rápidos e facilitando a automação de tarefas complexas.

6.6.1. Principais Ferramentas:

6.6.1.a. ChatGPT
- **Descrição:** Modelo de IA capaz de responder perguntas, gerar conteúdos, realizar análises e sugerir soluções criativas para diversos problemas. É altamente útil para redigir textos, criar roteiros de reuniões e brainstorming.
- **Onde encontrar:** https://chat.openai.com
- **Posição no Quadrante de Gartner:** Visionário, pela capacidade de transformar a interação e automação de comunicação.
- **Usos recomendados:** Ideal para conselheiros que precisam de ajuda na redação de relatórios, sugestões de brainstorming, roteiros de reuniões ou mesmo para análise de dados iniciais e interpretações rápidas.

6.6.1.b. Jasper.ai

- **Descrição:** Plataforma de IA voltada para marketing de conteúdo. Ajuda a criar textos de blogs, anúncios, descrições de produtos e outros materiais de marketing de maneira automática.
- **Onde encontrar:** https://www.jasper.ai
- **Posição no Quadrante de Gartner:** Visionário, pela inovação em automação de conteúdo e marketing.
- **Usos recomendados:** Para conselheiros que auxiliam startups a produzir conteúdo de marketing de forma rápida e personalizada, otimizando tempo e recursos.

6.6.1.c. Crystal

- **Descrição:** Ferramenta de IA que analisa perfis de LinkedIn e outras redes para oferecer insights sobre o comportamento e preferências de comunicação dos contatos, facilitando a personalização de abordagens.
- **Onde encontrar:** **https://www.crystalknows.com**
- **Posição no Quadrante de Gartner:** Jogador de Nicho, pela especialização em comportamento de comunicação.
- **Usos recomendados:** Ideal para conselheiros que ajudam startups a personalizar abordagens comerciais e de networking, com base no comportamento e nas preferências dos clientes ou parceiros.

6.7 Ferramentas de Automação e Produtividade

Automatizar processos e tarefas repetitivas pode aumentar significativamente a eficiência de uma startup, permitindo que a equipe foque em atividades de maior valor agregado. Ferramentas de automação ajudam a eliminar tarefas manuais, como agendamento de reuniões, envio de e-mails e integração de dados entre diferentes plataformas, liberando tempo para a equipe e otimizando a gestão de processos.

6.7.1. Principais Ferramentas:

6.7.1.a Zapier

- **Descrição:** Plataforma de automação que conecta diferentes aplicativos e sistemas para automatizar fluxos de trabalho, permitindo que dados sejam transferidos automaticamente entre ferramentas.
- **Funcionalidades:** Possibilita a integração de mais de 3.000 aplicativos, como CRM, plataformas de e-commerce e sistemas de marketing, sem a necessidade de programação. Por exemplo, pode automatizar a exportação de leads de um formulário online diretamente para o CRM.
- **Onde encontrar:** https://zapier.com
- **Usos recomendados:** Ideal para conselheiros que precisam ajudar startups a automatizar tarefas rotineiras, otimizando o tempo da equipe e aumentando a eficiência operacional.

6.7.1.b. IFTTT (If This Then That)

- o **Descrição:** Solução de automação simples que permite criar fluxos de trabalho personalizados entre diferentes dispositivos e aplicativos, conectando ações entre eles.

- **Funcionalidades:** Integra uma ampla gama de dispositivos e aplicativos, permitindo criar automações com base em gatilhos. Por exemplo, pode ser usado para enviar notificações ou automatizar atualizações em redes sociais.
- **Onde encontrar:** https://ifttt.com
- **Usos recomendados:** Perfeito para startups que desejam automatizar tarefas simples e não técnicas, como notificações, backups automáticos e ações relacionadas à IoT (Internet das Coisas).

6.7.1.c. Calendly

- **Descrição:** Ferramenta de agendamento de reuniões que elimina a necessidade de trocas de e-mails para encontrar horários disponíveis, sincronizando automaticamente com o calendário de todos os envolvidos.
- **Funcionalidades:** Automatiza o processo de agendamento, permitindo que clientes e parceiros escolham horários disponíveis em seu calendário, com lembretes automáticos.
- **Onde encontrar:** **https://calendly.com**
- **Usos recomendados:** Para conselheiros que auxiliam startups em crescimento, especialmente para organizar reuniões com clientes, investidores ou parceiros sem perda de tempo.

6.8 Ferramentas de Segurança e Conformidade

A segurança de dados e a conformidade com regulamentações são essenciais para startups, especialmente aquelas que lidam com informações sensíveis de clientes e parceiros. Ferramentas de segurança garantem a proteção de dados e o cumprimento de normas, como a LGPD (Lei Geral de Proteção de Dados) no Brasil e o GDPR (Regulamento Geral sobre a Proteção de Dados) na Europa, reduzindo o risco de violações e problemas legais.

6.8.1. Principais Ferramentas:

6.8.1.a. LastPass / 1Password

- **Descrição:** Gerenciadores de senhas que garantem que toda a equipe utilize senhas fortes e únicas para cada sistema, armazenando-as de maneira segura.
- **Funcionalidades:** Oferecem armazenamento seguro de senhas, preenchimento automático e geração de senhas fortes. Incluem opções de compartilhamento seguro de credenciais com a equipe.
- **Onde encontrar:**
- **LastPass:** https://www.lastpass.com
- **1Password:** https://1password.com
- **Usos recomendados:** Para conselheiros que orientam startups sobre segurança digital e proteção de informações sensíveis, garantindo que a equipe adote boas práticas de gerenciamento de senhas.

6.8. GDPR Toolkit

- **Descrição:** Conjunto de ferramentas projetadas para ajudar startups a garantir a conformidade com as regulamentações de proteção de dados, como o GDPR (Europa) e LGPD (Brasil).
- **Funcionalidades:** Fornece modelos de políticas de privacidade, checklists de conformidade e orientações práticas para a implementação de boas práticas de proteção de dados.
- **Onde encontrar: https://gdpr.eu/toolkit/**
- **Usos recomendados:** Essencial para startups que precisam garantir que suas operações estejam em conformidade com as regulamentações de proteção de dados locais e internacionais.

6.9. DocuSign

- **Descrição:** Plataforma de assinatura eletrônica que permite assinar documentos digitalmente de maneira segura e em conformidade com padrões legais.
- **Funcionalidades:** Facilita o envio, assinatura e gerenciamento de documentos eletrônicos, garantindo validade jurídica e conformidade com normas de proteção de dados.
- **Onde encontrar:** https://www.docusign.com
- **Usos recomendados:** Para conselheiros que orientam startups a agilizar a assinatura de contratos e documentos legais, mantendo a segurança e conformidade com a legislação.

6.9 Recursos Educacionais e de Desenvolvimento

Tanto conselheiros anjo quanto fundadores precisam estar em constante aprendizado para acompanhar as rápidas mudanças no ambiente de negócios. Essas plataformas educacionais fornecem uma base sólida de conhecimento em áreas essenciais, como gestão, marketing, tecnologia e finanças.

6.9. Principais Recursos:

6.9.1.a. Coursera e Udemy

- **Descrição:** Plataformas de ensino online que oferecem cursos em uma vasta gama de tópicos, incluindo empreendedorismo, inovação, liderança, marketing digital e finanças.
- **Funcionalidades:** Oferecem acesso a cursos gratuitos e pagos, certificados reconhecidos e aulas ministradas por especialistas e universidades renomadas.
- **Onde encontrar:**
    - **Coursera: https://www.coursera.org**
    - **Udemy:** https://www.udemy.com
- **Usos recomendados:** Para conselheiros que desejam ajudar os fundadores a desenvolver habilidades críticas para a gestão da startup e se manterem atualizados em tendências do mercado.

6.9.1.b. MIT OpenCourseWare

- **Descrição:** Repositório online de materiais gratuitos dos cursos do MIT, abrangendo uma vasta gama de tópicos acadêmicos e práticos, incluindo empreendedorismo e tecnologia.

- **Funcionalidades:** Acesso a vídeos, textos e exercícios de cursos oferecidos no MIT, com foco em empreendedorismo, inovação e desenvolvimento tecnológico.
- **Onde encontrar:** https://ocw.mit.edu
- **Usos recomendados:** Para conselheiros que querem indicar recursos de aprendizado de alto nível para fundadores interessados em tecnologias emergentes e inovação.

6.9.1.c. Y Combinator Startup Library

- **Descrição:** Biblioteca de recursos gratuitos oferecida pela aceleradora Y Combinator, com artigos, vídeos e guias práticos sobre como iniciar e escalar startups.
- Funcionalidades: Inclui guias sobre como montar equipes, captar investimento, desenvolver produtos e crescer rapidamente no mercado.
- **Onde** encontrar: https://www.ycombinator.com/library
- **Usos recomendados:** Essencial para conselheiros que buscam recursos práticos e comprovados para ajudar startups em suas fases iniciais, cobrindo desde o desenvolvimento até o crescimento acelerado.

6.10 Comunidades e Redes de Apoio a Startups

- Fazer parte de uma comunidade empreendedora proporciona acesso a suporte, networking e recursos valiosos que podem acelerar o desenvolvimento de uma startup. As seguintes redes oferecem oportunidades de mentoria, financiamento e parcerias estratégicas.

6.10.1. Principais Comunidades:

6.10.1.a. Endeavor

- **Descrição:** Organização global que apoia empreendedores de alto impacto, oferecendo acesso a mentoria, recursos e uma rede global de empreendedores e investidores.
- **Onde encontrar:** https://endeavor.org
- **Usos recomendados:** Para conselheiros que desejam conectar startups promissoras a uma rede de apoio global focada em escalar negócios com alto potencial de impacto.

6.10.1.b. Startup Grind

- **Descrição:** Comunidade global de startups que organiza eventos e encontros locais, conectando empreendedores com investidores, mentores e outros fundadores.
- **Onde encontrar:** https://www.startupgrind.com
- **Usos recomendados:** Ideal para conselheiros que desejam introduzir startups em uma rede global, promovendo oportunidades de networking e trocas de experiências.

6.10.1.c. Techstars

- **Descrição:** Rede de aceleradoras globais que ajuda startups a crescerem por meio de programas de mentoria intensiva, financiamento inicial e conexão com investidores.
- **Onde encontrar:** https://www.techstars.com
- **Usos recomendados:** Para conselheiros que buscam acelerar o desenvolvimento de startups através de programas estruturados de mentoria e acesso a capital.

6.10.1.c. AngelList

- **Descrição:** Plataforma que conecta startups a investidores anjo e fundos de venture capital, facilitando o processo de captação de recursos e a formação de redes de apoio.
- **Onde encontrar:** https://angel.co
- **Usos recomendados:** Para conselheiros que auxiliam startups na captação de investimento, oferecendo uma ponte direta entre empreendedores e investidores.

6.10.1.c. PUC ANGELS: A PUC angels é uma associação sem fins lucrativos, cujo objetivo é fomentar o empreendedorismo e a educação de qualidade, através do investimento direto e do fomento ao investimento em projetos, empresas e ideias. Também oferece aos alunos (E NÃO ALUNOS) a oportunidade de serem mentorados por Conselheiros Referenciados nacionalmente (em diversas áreas) que possam auxiliar, com conhecimento prático adquiridos na vida profissional, a vida profissional e pessoal do aluno ou interessado.

- **Onde encontrar:** https://www.pucangels.org
- **Usos recomendados:** Para conselheiros que buscam conectar startups em fase inicial a uma rede de investidores experientes, com forte ligação à PUC-SP. A rede é ideal para startups que estão à procura de apoio financeiro e mentoria estratégica para escalar seus negócios no mercado brasileiro.

6.11. A importância do Quadrante Mágico do Gartner para a seleção de ferramentas

Ao selecionar ferramentas para apoiar a startup, o conselheiro pode usar o Quadrante Mágico do Gartner como uma referência para identificar as melhores opções, com base na "Capacidade de Execução" e "Integralidade da Visão". Ferramentas como Salesforce, Power BI e Google Drive são exemplos de Líderes por sua solidez e confiabilidade. Ferramentas Visionárias, como SEMrush e Monday.com, oferecem inovação e soluções diferenciadas, enquanto ferramentas Desafiantes como Xero e Dropbox buscam expandir seu mercado com recursos competitivos.

Esse processo ajuda o conselheiro a selecionar ferramentas que equilibram inovação, flexibilidade e robustez, alinhando-as com as necessidades específicas da startup e seu estágio de desenvolvimento. O uso estratégico dessas ferramentas facilita a execução eficiente dos planos de ação e melhora a produtividade da equipe, ao mesmo tempo que mantém o foco em decisões baseadas em dados.

Site oficial do Gartner: https://www.gartner.com/en/research/magic-quadrant

CAPÍTULO 7
PREPARAÇÃO PARA ESTRATÉGIAS DE SAÍDA

Mesmo que a estratégia de saída não seja o objetivo inicial da startup, é essencial que o conselheiro prepare os fundadores para essa possibilidade. Estar preparado para uma fusão, aquisição ou IPO pode gerar valor estratégico, atrair mais investidores e aumentar as oportunidades de parcerias.

7.1. Estratégias de Saída Comuns:

7.1.a. Fusões e Aquisições (M&A):
- **Consideração:** Tornar a empresa atraente para possíveis compradores é um processo contínuo. Isso envolve manter ativos estratégicos, como propriedade intelectual, e desenvolver uma proposta de valor única.
- **Dica:** Incentivar a criação de uma "due diligence" contínua, ou seja, manter os relatórios financeiros, contratos e a estrutura organizacional sempre organizados e prontos para possíveis negociações.

7.1.b. IPO (Oferta Pública Inicial):
- **Consideração:** A abertura de capital exige preparação legal, financeira e estrutural para garantir que a empresa esteja pronta para operar como uma empresa pública.
- **Dica:** Sugerir que a startup se familiarize com os requisitos de governança corporativa exigidos para uma empresa de capital aberto desde cedo, e que comece a implementar essas práticas à medida que se aproxima da escala necessária.

7.1.c. Venda Parcial ou Total:

- **Consideração:** A venda de participação parcial para investidores estratégicos pode ser uma excelente maneira de garantir capital adicional e expertise. Isso também pode ser uma etapa preliminar antes de uma venda total.
- **Dica:** Incentivar os fundadores a pensar estrategicamente sobre parcerias de valor agregado. Por exemplo, a venda de parte da empresa para um parceiro estratégico do setor pode trazer não apenas capital, mas também know-how e oportunidades de expansão.

7.2.Estratégia do Conselheiro:

O conselheiro deve ajudar a startup a manter uma postura "preparada para a saída" durante todas as fases de sua evolução. Isso inclui a implementação de processos financeiros transparentes, um plano de governança robusto e a criação de um pipeline de inovação contínua que fortaleça a atratividade da empresa para investidores e possíveis compradores.

7.3. Dicas Finais para Conselheiros Anjo no Planejamento de Longo Prazo:

- Foco no Desenvolvimento de Líderes: Incentive os fundadores a investir em sua própria capacitação e na de seus gestores. Isso garante que a equipe seja resiliente e preparada para os desafios de longo prazo.
- Monitore KPIs de Longo Prazo: Sugira o uso de ferramentas de análise de dados e dashboards para acompanhar os KPIs estratégicos da empresa, incluindo crescimento, retenção de clientes, margem de lucro e inovação.

- **Alinhamento com Investidores:** Assegure-se de que os investidores e os fundadores estejam alinhados quanto à visão de longo prazo, evitando divergências nas expectativas sobre estratégias de crescimento e saída.
- **Flexibilidade e Adaptabilidade:** O mercado é dinâmico, e a startup deve estar preparada para pivotar ou ajustar seu plano estratégico à medida que surgem novas oportunidades ou desafios.

Com essas estratégias e considerações, o conselheiro anjo não apenas orienta a startup em suas etapas iniciais, mas também garante que ela tenha uma visão de longo prazo e um plano sustentável para atingir o sucesso.

CAPÍTULO 8
CONCLUSÃO: LIÇÕES DE SUCESSO GLOBAL E INSPIRAÇÃO PARA CONSELHEIROS ANJO

Ser um conselheiro anjo eficaz exige mais do que apenas conhecimento técnico e experiência prática. Exige a habilidade de inspirar, guiar e proporcionar uma visão clara de longo prazo para a startup, alinhada com estratégias inovadoras e sustentáveis. Ao refletir sobre os ensinamentos compartilhados ao longo deste manual, é crucial examinar as experiências globais mais exitosas no mundo das startups. Essas experiências não apenas fortalecem o papel do conselheiro anjo, mas também oferecem insights valiosos sobre como transformar startups em grandes sucessos.

8.1 Casos de Sucesso Globais no Apoio a Startups

Ao redor do mundo, há inúmeros exemplos de consultores e conselheiros anjo que desempenharam um papel central no crescimento exponencial de startups que, eventualmente, se tornaram gigantes em seus mercados. A seguir, destacamos algumas das experiências mais impactantes:

8.1.a. Instagram e Kevin Systrom

- Um dos exemplos mais emblemáticos de como o apoio estratégico de investidores e conselheiros anjo pode transformar uma startup é o caso do Instagram. Kevin Systrom, cofundador da plataforma, recebeu orientação e financiamento inicial de investidores como Marc Andreessen e Ben Horowitz, que ajudaram a startup a crescer rapidamente e serem adquiridos pelo Facebook por US$ 1 bilhão. A abordagem de escalar com foco na experiência do usuário e inovações constantes nas funcionalidades foi um diferencial.

- **Lição:** O apoio certo no momento certo pode preparar a startup para uma aquisição estratégica, onde conselheiros têm papel crucial ao ajudar os fundadores a entenderem as oportunidades do mercado e como se preparar para grandes investidores.
- **Fonte:** Investopedia

8.1.b. Uber e Garrett Camp

- Garrett Camp, um dos cofundadores do Uber, utilizou sua experiência anterior como empreendedor de sucesso para criar a startup que revolucionou o setor de transportes. Ele contou com a orientação de investidores experientes e conselheiros como Bill Gurley da Benchmark Capital. A consultoria de Gurley foi fundamental para ajudar o Uber a navegar desafios regulatórios e a escalar globalmente.
- **Lição:** O conselheiro anjo precisa ajudar os fundadores a navegarem por desafios regulatórios e de expansão internacional, oferecendo insights sobre como adaptar o modelo de negócio a diferentes mercados.
- Fonte: TechCrunch

8.1.c. Airbnb e Y Combinator

O Airbnb enfrentou dificuldades iniciais para levantar capital e escalar, mas tudo mudou quando foi aceito na Y Combinator, uma das maiores aceleradoras de startups do mundo. Com a mentoria de Paul Graham e outros, o Airbnb redefiniu sua estratégia de crescimento, focando em melhorar a confiança entre os usuários e os anfitriões, o que se provou fundamental para seu sucesso global.

- **Lição:** A importância de contar com uma mentoria estruturada e apoio de conselheiros que ajudem a redefinir a estratégia de crescimento e aprimorar a confiança dos clientes.
- **Fonte:** Forbes

8.1.d. Stripe e o Apoio de Peter Thiel

- Quando os fundadores do Stripe, Patrick e John Collison, lançaram a startup de pagamentos online, eles receberam suporte estratégico de Peter Thiel, um dos maiores investidores anjo do Vale do Silício. Thiel ajudou a Stripe a definir seu nicho e a se concentrar em resolver um problema crítico – facilitar os pagamentos para desenvolvedores e startups em um mercado complexo.
- **Lição:** A orientação de conselheiros pode ser crucial para identificar um nicho e oferecer soluções que resolvam problemas-chave no mercado. Um conselheiro anjo eficaz é aquele que consegue ver além do óbvio e ajudar a startup a focar em problemas reais.
- **Fonte:** Wired

8.2 Como Integrar as Lições ao Papel do Conselheiro Anjo

As lições dos casos de sucesso globais, mencionados acima, estão profundamente alinhadas com os pilares deste manual. As experiências práticas mostram que a visão de longo prazo, a preparação estratégica para a escalabilidade e o planejamento cuidadoso das saídas são essenciais para o crescimento sustentável de uma startup. Como conselheiro anjo, você pode aplicar essas lições de várias maneiras, a exemplo:

- **Visão de Longo Prazo:** Definir uma visão clara para o futuro da startup é crucial. Inspirado pelos exemplos de Uber e Instagram, os conselheiros devem colaborar com os fundadores para identificar oportunidades de expansão global e inovações contínuas. Ajudar os fundadores a entender as possíveis tendências e tecnologias emergentes no setor pode fortalecer essa visão.

- **Crescimento Sustentável:** Seguindo os exemplos de Stripe e Airbnb, um conselheiro anjo deve guiar a startup na criação de estratégias de expansão por fases, evitando o risco de um crescimento desordenado. Usar métricas de mercado para apoiar a tomada de decisões e garantir que os fundamentos financeiros estejam alinhados com a visão de longo prazo é essencial para o sucesso.

- **Estratégias de Saída:** Assim como os fundadores do Instagram, que foram preparados para uma aquisição estratégica, os conselheiros devem orientar startups sobre como se preparar para saídas vantajosas, sejam elas aquisições, fusões ou IPOs. A organização de processos internos e a otimização dos ativos da empresa são passos fundamentais que podem ser implementados desde o início da mentoria.

8.3 Inspirando Curiosidade e Experimentação

O papel do conselheiro anjo é, acima de tudo, ser um facilitador de conhecimento e um mentor que instiga curiosidade nos fundadores. A trajetória das startups de sucesso demonstra que o aprendizado contínuo e a capacidade de experimentar são essenciais para inovar e se adaptar às mudanças do mercado. Ao incentivar os fundadores a adotarem uma mentalidade aberta à inovação, você está pavimentando o caminho para que a startup explore novos horizontes.

8.3.1 Estratégias Práticas para Estimular a Experimentação:

- Realizar workshops regulares de inovação interna, onde a equipe pode apresentar ideias disruptivas.
- Introduzir o conceito de MVP (Produto Mínimo Viável), permitindo que a startup valide ideias no mercado rapidamente e com baixo custo, algo essencial para encontrar soluções que realmente funcionem, como foi o caso do Airbnb.
- Fomentar parcerias estratégicas com universidades e centros de pesquisa, semelhante ao que algumas das startups mais inovadoras do mundo fazem para acessar novas tecnologias e tendências emergentes.

8.4 Propósito do Conselheiro Anjo: Criar Valor de Longo Prazo

- No final, o papel de um conselheiro anjo vai muito além da orientação técnica ou financeira. Ele deve ajudar a construir valor de longo prazo, tanto para a startup quanto para os fundadores. A verdadeira realização do conselheiro ocorre quando a startup não apenas atinge o sucesso financeiro, mas também se estabelece como um agente de transformação em seu setor.

O que une todas as experiências bem-sucedidas é o propósito: o desejo de criar algo que vá além de um produto ou serviço. Como conselheiro anjo, você deve ajudar os fundadores a construir uma startup com um impacto duradouro, com foco em inovação, sustentabilidade e liderança no mercado. Estar sempre presente, não apenas nos momentos de crise, mas nas fases de planejamento e construção de uma cultura forte, é o que diferencia um conselheiro comum de um conselheiro de impacto.

9. Reflexão Final

A jornada do conselheiro anjo é desafiadora, mas ao mesmo tempo extremamente recompensadora. Ao aplicar as estratégias e as lições de sucesso (global) descritas neste manual, você não apenas impulsionará o crescimento de startups, mas também criará valor sustentável para o ecossistema empreendedor como um todo. Com uma visão de longo prazo, foco no crescimento sustentável e uma abordagem estratégica para a saída, o conselheiro anjo tem o poder de transformar startups em empresas que definem o futuro.